AF261651

ÉTUDE HISTORIQUE

DU SUFFRAGE ÉLECTORAL EN FRANCE

DEPUIS 1789.

N'y a t-il pas quelque opportunité à lire l'histoire du suffrage électoral en France depuis 1789?

D'une telle étude, nécessairement sommaire, ressortira ce fait considérable que les législateurs de cette époque fameuse, de laquelle date, dans notre patrie, le régime parlementaire — souvent interrompu, il est vrai, par les fureurs populaires ou la violence des ambitieux — n'estimaient pas que le droit électoral (est-ce un droit? les Anglais, experts en la matière, le regardent comme une fonction), n'estimaient pas, dis-je, que l'exercice de ce droit pût être indépendant de certaines conditions de loyauté, de capacité, de moralité, de position même. Il semble, en effet, que toute société civilisée doit regarder ces garanties comme indispensables chez le citoyen qui a l'honneur de prendre, si minime qu'elle puisse être, une part de direction ou d'action dans les grands intérêts de son pays.

L'Assemblée nationale va sans doute avoir à rédiger une nouvelle charte électorale.

Ce sera la vingtième environ depuis le règne du suffrage inauguré en 1789.

Nous avons vu :

La loi du 14 novembre 1789 ;

Celles de janvier 1790 ;

— du 3 septembre 1791 ;

— du 24 juin 1793 ;

— du 22 août 1795 ;

La constitution de l'an VIII ;

Celles de l'an X ;

— de l'an XII ;

La charte de 1814 ;

Le règlement du 13 janvier 1815 ;

L'acte additionnel de l'Empire du 22 avril 1815;

La loi du 5 février 1817;

La charte de 1830 ;

La loi de 1831 ;

La constitution de 1848 ;

La loi du 15 mars 1849 ;

Celle du 31 mai 1851 ;

Le décret du 2 février 1852 ;

Celui du 15 septembre 1870.

J'en passe, et peut-être des moins mauvaises. Cela fait une durée de quatre ans environ pour chaque législation.

On comprend que je ne pourrai pas entrer dans l'étude approfondie de chacune d'elles. Il me suffira d'en tirer cette conséquence : que les plus durables ont été celles qui ont entouré l'exercice du droit de suffrage de plus de conditions et de plus de garanties, et de montrer que les initiateurs du régime parlementaire, ceux qu'on a appelés les grands législateurs de 1789 et de 1790, ont regardé ces garanties comme nécessaires, n'admettant pas que le droit à respirer pût donner le droit à élire ; car en vertu de quoi alors élimineraiton les femmes, les mineurs, les coupables et les fous?

La loi que l'Assemblée devra nous faire embrasse un nombre infini de questions non moins philosophiques et physiologiques que politiques et sociales. Je n'ai nullement la prétention de les traiter ici, me bornant à l'étude historique — chronologique, puis-je dire, — des lois qui ont régi cette matière.

Mais à voir la question de près et attentivement il semble qu'elle ne soit pas encore parfaitement claire et élucidée. La longue nomenclature des législations diverses et si rapprochées, qui ont prétendu chacune lui donner une solution définitive, ne prouve pas qu'on ait encore trouvé la perfection ni qu'elle soit facile à trouver. Je conseille fort à nos législateurs de ne pas s'imaginer qu'ils vont faire cette découverte, mais de rester bien convaincus qu'en telle matière toute vérité est contingente, soumise aux circonstances et aux événements. Je sais, du reste, — et ceci doit nous rassurer — que cette pensée domine dans la majorité honnête, sage, modérée, patriotique, dont toute la préoccupation consiste à libérer la France des charlatans, des fous, des violents et des barbares.

Plus de vingt lois électorales ont déjà passé sous nos yeux, décidé de notre sort et changé nos destinées. Vingt législations en quatre-vingts ans ! O sagesse des hommes rassemblés ! Est-ce le cas de dire l'adage : *Quod abundat non vitiat?* Je ne le crois pas, hélas ! Et penser qu'après tant d'expériences nous ne sommes guère plus instruits et plus experts ! Quel est donc cet engin redoutable, mystérieux, inconnu, sujet à tant de caprices, à tant de changements, tour à tour et souvent à la fois, instrument de vie et de mort, de bien et de mal? qui pourra dire sa valeur mathématique? Où découvrir dans ses produits si divers, nés parfois dans le même terrain, l'expression d'une volonté sûre d'elle-même, d'une force intelligente et créatrice? Et n'y a-t-il pas lieu de conclure, en présence de tant de confusion, que l'on ne fonde pas un édifice avec des matériaux aussi dissemblables : car la parole seule de Dieu peut faire sortir l'ordre du chaos?

Je ne conclus pas : j'expose et je cherche, mais

nul ne sera assez audacieux ou assez naïf pour se croire appelé à être l'Œdipe d'un tel sphynx. Je le répète donc : en telle matière, la vérité est contingente et ne saurait avoir rien d'absolu. Voyons comment, depuis quatre-vingts ans, nos législateurs l'ont proclamée et décrétée. *Erudimini !*

I.

La première loi électorale que nous trouvons dans nos annales depuis l'ère parlementaire, est relative à l'élection des municipalités ; elle date du 14 novembre 1789 :

« Pour concourir à la formation du corps municipal, il faut être citoyen actif, c'est-à-dire :

« 1° Etre Français ou devenu Français ;

« 2° Etre majeur de 25 ans ;

« 3° Etre domicilié de fait dans le lieu depuis un an ;

« 4° Payer une contribution directe de trois journées de travail ;

« 5° N'être pas dans l'état de domesticité, c'est-à-dire de serviteur à gages. »

CONDITIONS POUR ÊTRE ÉLIGIBLE :

« 1° Etre membre de la commune à qui la municipalité appartient ;

« 2° Réunir aux qualités de citoyen actif, ci-dessus détaillées, la condition de payer une contribution directe plus forte et qui monte au moins à la valeur locale de dix journées de travail. »

Ainsi les législateurs de 1789 exigent une contribution directe de trois francs au moins pour être électeur, de dix francs pour être éligible.

Et ceci ne fut pas le résultat d'une surprise ou d'un vieux préjugé : car la loi de janvier 1790, relative à la constitution des assemblées primaires et des assemblées administratives pour l'élection des députés à l'Assemblée nationale, contient absolument les mêmes conditions, au sujet de l'électorat et de l'éligibilité, conditions confir-mées de nouveau par la Constitution du 3 septembre 1791. Ces deux dernières lois ajoutent en outre, à ces conditions, la garantie considérable du suffrage à deux degrés, divisé en assemblées primaires et en assemblées administratives : de plus, elles stipulent que pour être député à l'Assemblée nationale, il faut payer une contribution directe équivalente à la valeur d'un marc d'argent (trente-deux livres environ de ce temps : combien cela vaudrait-il dans le nôtre ?)

La voilà donc dépassée du premier coup, de par les *grands principes de 1789*, cette fameuse loi du 31 mai 1851, qui servit d'épée de bataille aux radicaux et aux Césariens de cette époque. Les législateurs de 89, de 90, de 91, partageaient l'opinion de M. Thiers sur « le vice profond inhérent au suffrage universel, d'être illusoire : car ce qu'il y a de sérieux dans l'intervention du pays, est d'appeler à voter, non pas la totalité des citoyens, mais la portion réellement éclairée et capable d'avoir un avis. » J'extrais ces paroles de l'*Histoire du Consulat et de l'Empire* (livre LVIII), qui restera, sans aucun doute, comme le plus vrai titre de gloire de son auteur.

A quel moment voyons-nous apparaître pour la première fois, cette doctrine brutale de la toute puissance du nombre épais, inintelligent et le plus souvent esclave ? Ce fut avec la Terreur, la proscription des Girondins, les massacres, les assignats, la faim, le *maximum*, la banqueroute, la loi des suspects ; etc. Tous ces enfants, nés du même père, ont bien un air de famille. Je comprends que ceux qui admirent ces choses et désirent en faire une nouvelle application, célèbrent cette souveraineté brutale, asservie, qu'on mène où l'on veut, et jusqu'aux crimes les plus monstrueux. Mais que des intelligences raisonnables, philosophiques, des hommes d'Etat dont la mission est

rerum cognoscere causas

s'inclinent devant une loi aussi peu soutenable en philosophie qu'en politique, cela, je l'avoue, dépasse ma raison : car, s'il n'y a pas là une illusion incroyable, il ne saurait y avoir qu'un coupable et perfide calcul.

L'acte constitutionnel du 24 juin 1793, porte

dans ses articles 7 et 8 : « Le peuple souverain est l'universalité des citoyens français. Il nomme immédiatement ses députés. »

Toutes les garanties précédemment instituées sont supprimées : le suffrage universel et direct dans le sens le plus absolu, sans limites, sans conditions, est constitué pour la première fois par l'ignoble despotisme que la France a vu à l'œuvre. Cette législation, je le sais, ne fut jamais appliquée, et à quoi bon ? A cette époque, tous les électeurs qui n'avaient pas d'avance aliéné leur liberté, tous ceux dont les despotes ne se regardaient pas comme les maîtres et les inspirateurs directs, furent brutalement et par la force éloignés des urnes : l'élection fut livrée à la tourbe inepte et féroce des gens sans aveu et sans indépendance, esclaves des tribuns et des bourreaux : le scrutin ne fut plus qu'une comédie dont le dénouement était connu et inscrit d'avance, dont le résultat se changeait, hélas ! en tragédie : les produits électoraux de ces temps furent la résultante du vingtième au plus des électeurs.

Les despotes le savent tous : le suffrage uni-

versel peut leur servir de commode instrument ;
leurre admirable pour les simples ; muselé,
dirigé, violenté, il est le plus puissant engin de
servitude. Muselé, dirigé, violenté, le suffrage
universel le sera toujours ou il ne sera pas.
Suffrage universel et liberté : deux éléments absolument incompatibles; que celui qui a des yeux
les ouvre ; quand donc saurons-nous lire l'histoire ?

Je dois faire remarquer toutefois ceci : les despotes de 1793, tout en donnant aux assemblées
primaires le droit, sans garanties et sans conditions, de nommer immédiatement les représentants, leur refuse ce même droit en ce qui con-
cerne les administrateurs et autres fonctionnaires
publics : les assemblées primaires sont obligées
d'en déléguer le choix à des électeurs élus par
elles. La Convention elle-même ne rejeta pas
absolument le suffrage à deux degrés.

Avec la Terreur disparut l'acte constitutionnel
du 24 juin 1793.

En l'an III, l'Assemblée, effrayée des déplorables
conséquences du suffrage illimité, a, par une

constitution nouvelle, accompagnée d'une loi intitulée : *Moyens de terminer la Révolution*, non-seulement brisé l'œuvre du gouvernement de la Terreur, mais ajouté des garanties plus complètes en matière électorale à celles qui étaient contenues dans les constitutions de 1789, 1790, 1791.

Constitution de l'an III (22 août 1795). Il n'est plus question de citoyens actifs, il suffit d'être citoyen français ; mais, même pour avoir cette qualité, diverses conditions sont spécifiées dans l'article 8, ainsi conçu :

« Tout homme né et résidant en France, qui,
« âgé de 21 ans, s'est fait inscrire sur le registre
« civique de son canton, qui a demeuré depuis,
« pendant une année sur le territoire de la Répu-
« blique, et qui paie une contribution foncière
« ou personnelle, est citoyen français. »

Par exception, l'article 9 porte : « Sont
« citoyens, sans aucune condition de contribu-
« tions, les Français qui auront fait une ou plu-
« sieurs campagnes pour l'établissement de la
« République. »

Les assemblées primaires sont maintenues ; les conditions pour être admis à y voter sont :

1° Le paiement d'une contribution foncière ou personnelle ;

2° Le domicile acquis par une année de résidence.

Comme dans les constitutions de 1789, 1790, 1791, l'élection des représentants n'est plus immédiate et directe, chaque assemblée primaire nomme un ou plusieurs électeurs dont le nombre est proportionné à la population.

Nul ne peut être nommé électeur s'il n'a 25 ans accomplis, et s'il ne réunit aux qualités nécessaires pour exercer les droits de citoyen français l'une des conditions suivantes :

Dans les communes au-dessus de 6,000 habitants, celle d'être propriétaire ou usufruitier d'un bien évalué à un revenu égal à la valeur locale de 200 journées de travail, ou d'être locataire, soit d'une habitation évaluée à un revenu égal à la valeur de 150 journées de travail, soit d'un bien rural évalué à 200 journées de travail.

Dans les communes au-dessous de 6,000 habitants, celle d'être propriétaire ou usufruitier d'un bien évalué à un revenu égal à la valeur de 150 journées de travail, ou d'être locataire, soit d'une habitation évaluée à un revenu égal à la valeur locale de 100 journées de travail, soit d'un bien rural évalué à 100 journées de travail.

Et dans les campagnes, celle d'être propriétaire ou usufruitier d'un bien évalué à un revenu égal à la valeur locale de 150 journées de travail, ou d'être fermier ou métayer de biens évalués à la valeur de 200 journées de travail.

La Convention nationale présenta cette Constitution au peuple français par une adresse rédigée dans le style emphatique de cette époque et dont les termes sont curieux à citer :

« Français,

« Après de longs orages, vous allez fixer vos destinées, en prononçant sur votre Constitution.

« Depuis longtemps la Patrie appelait à grands cris un gouvernement libre, qui trouvât dans la sagesse des principes la garantie de sa durée.

« Vos mandataires ont-ils atteint ce but? Ils le croient, ils en ont eu fortement le désir.

« Patriotes de 1789, qui restâtes purs au milieu des écueils révolutionnaires ; généreux guerriers, qui versâtes votre sang pour la Patrie ; citoyens, qui aimez l'ordre et la tranquillité, acceptez-en le gage : il est dans le gouvernement qui vous est offert.

« Lui seul peut, en nous donnant la paix, ramener l'abondance et le bonheur.

« Français, citoyens de toutes les professions, de toutes les opinions, ralliez-vous pour l'intérêt de la Patrie ; surtout ne reportez pas des regards rétrogrades sur le point du départ ; des siècles se sont écoulés depuis six ans, et si le peuple français est las des révolutions, il ne l'est pas de liberté : vous souffrez, il est vrai, mais ce n'est pas en faisant des révolutions nouvelles, c'est en finissant celle qui est commencée, que vous trouverez le terme de vos maux.

« Non, vous n'imputerez pas à la République, qui jusqu'à ce jour ne fut pas organisée, des malheurs qui ne sauraient se reproduire sous un gouvernement libre sans licence, et fort sans despotisme. (Pauvre République ! ses partisans s'efforcent toujours de la justifier de tous les malheurs qu'elle enfante et tâchent d'en rejeter la faute sur ses adversaires. L'histoire ne varie pas.)

« Peuple souverain, écoute la voix de tes mandataires, le projet de pacte social qu'ils t'offrent leur fut dicté par le désir de ton bonheur ; c'est à toi d'y attacher ton sceau ; consulte ton intérêt et ta gloire, et la Patrie est sauvée. »

Pour le coup, ceux-ci croyaient bien avoir trouvé la vérité absolue et définitive.

Mais l'histoire marche toujours : éphémère fut leur œuvre, comme celles qui l'avaient précédée.

Il n'entre pas dans mon cadre de raconter les révolutions et changements de gouvernement. J'arrive immédiatement à la Constitution de l'an VIII et à sa législation électorale qui succéda à celle de l'an III. On me permettra de la reproduire en détail, car ses dispositions bizarres et compliquées se refusent à l'analyse.

CONSTITUTION DE L'AN VIII.

Deux conditions seulement sont nécessaires pour être citoyen français : l'inscription sur le registre civique de l'arrondissement communal, et depuis lors, la résidence d'une année sur le territoire de la République.

Les citoyens de chaque arrondissement communal délèguent par leurs suffrages ceux d'entre eux qu'ils croient les plus propres à gérer les affaires publiques ; il en résulte une liste de confiance contenant un nombre de voix égal au dixième du nombre des citoyens ayant droit d'y coopérer. C'est dans cette première liste que doivent être pris les fonctionnaires publics de l'arrondissement.

Les citoyens de la liste communale désignent également un dixième d'entre eux, parmi lesquels sont pris les fonctionnaires du département.

Les citoyens de la liste départementale désignent un dixième d'entre eux ; il en résulte une troisième liste, qui comprend les citoyens éligibles aux fonctions publiques nationales.

Toutes ces dernières listes, dites nationales, faites dans les départements, sont adressées au Sénat, qui, parmi les membres y désignés, choisit les législateurs, les tribuns, les juges de cassation et les commissaires à la comptabilité.

Le Corps législatif est composé de 300 membres, âgés de 30 ans au moins ; ils sont renouvelés par cinquième tous les ans. Il doit s'y trouver au moins un citoyen de chaque département.

Cette mosaïque bizarre fut bientôt modifiée considérablement par la Constitution de l'an X, d'après laquelle chaque ressort de justice de paix a une assemblée de canton.

Chaque arrondissement communal un collége électoral d'arrondissement ;

Chaque département un collége électoral de département.

L'assemblée de canton se compose de tous les citoyens domiciliés dans le canton.

L'assemblée cantonale nomme au collége électoral d'arrondissement, et au collége électoral de département, le nombre de membres qui lui est attribué. Ces nominations se font sur une liste de 600 citoyens les plus imposés aux rôles des contributions foncière, mobilière et somptuaire.

Les colléges électoraux d'arrondissement et de département présentent chacun deux citoyens domiciliés dans le département, pour former la liste sur laquelle doivent être nommés par le tribunat les membres de la députation au Corps législatif.

On le voit, le système représentatif et parlementaire disparaît peu à peu ; la Constitution de l'an XII modifie à peine cet état de choses.

Le suffrage électoral, ainsi hâché et tamisé n'a plus grande importance ; aussi peut-on dire qu'il n'a plus d'histoire à cette époque.

Ici nous arrivons à la renaissance ou plutôt à l'inauguration du véritable régime parlementaire en France. Nous sommes en 1814, à la Restauration.

La Charte de 1814 porte :

« La Chambre des députés est composée des députés élus par les collèges électoraux dont l'organisation sera déterminée par les lois.

« Les députés sont élus pour cinq ans, de manière que la Chambre soit renouvelée chaque année par cinquième.

« Aucun député ne peut être admis dans la Chambre s'il n'est âgé de 40 ans, et s'il ne paie une contribution directe de 1,000 francs ; néanmoins, s'il ne se trouve pas dans le département cinquante personnes de l'âge indiqué, payant au moins 1,000 francs de contributions directes, leur nombre sera complété par les plus imposés au-dessous de 1,000 francs.

« Les électeurs ne peuvent avoir droit de suffrage s'ils ne paient une contribution directe de 300 francs et s'ils ont moins de 30 ans.

« La moitié au moins des députés est choisie parmi les éligibles du département. »

Ces dispositions furent développées et appliquées par le règlement du 15 janvier 1815 ; plus tard vint la loi du 5 février 1817 et le système du grand et du petit collége électoral qui fut écarté sous le régime suivant par la Charte de 1830 et la loi électorale de 1831.

Je parle du système électoral de 1830, conjoinment avec celui de 1814, parce qu'ils procèdent tout à fait de la même idée, s'asseoient sur les mêmes bases et ont produit des résultats presque pareils.

Voici les modifications introduites par la loi de 1831 :

« Pour être électeur il faut jouir des droits civils et politiques, être âgé de 25 ans, payer 200 francs de contributions directes.

« Sont électeurs en payant 100 francs de contributions directes :

« 1° Les membres correspondants de l'Institut ;

« 2° Les officiers des armées de terre et de mer jouissant d'une pension de retraite de 1,200 fr. au moins, et justifiant d'un domicile réel de trois ans dans l'arrondissement électoral.

« La Chambre des députés est composée dc 459 députés.

« Chaque collége électoral n'élit qu'un seul député.

« Nul n'est éligible si, au jour de son élection, il n'est âgé de 30 ans et s'il ne paie 500 francs de contributions directes. »

Je n'ai pas cité l'acte additionnel aux Constitutions de l'Empire du 22 avril 1815 ; le système électoral qu'il décréta reproduisant presque en entier les dispositions de l'an X avec cette modification toutefois digne d'être remarquée et étudiée : l'industrie et la propriété manufacturière et commerciale ont une représentation spéciale; l'élection des représentants commerciaux et manufacturiers est faite par le collége électoral de département sur une liste d'éligibles dressée par les chambres de commerce et les assemblées consultatives réunies. Je dirai quelques mots de cette disposition à l'occasion de propositions récemment déposées à l'Assemblée nationale.

J'ai tenu à présenter simultanément, autant

que possible, à l'attention du lecteur, les échantillons plus ou moins variés des législations électorales de la France ; de même qu'un commis adroit dispose les draps ou les soieries dans les vitrines d'un grand magasin. Dût le lecteur en avoir ressenti une certaine fatigue, je crois qu'on peut mieux ainsi comparer, apprécier et choisir. Tels sont, en effet, tous les principaux systèmes d'élection appliqués jusqu'à ce jour en France : ceux qui les ont suivis se bornant à remettre en vigueur, à peu de chose près, l'un ou l'autre des systèmes précédents. Je ne prétends pas que là se limite le choix offert au législateur ; rien n'empêche de s'adresser ailleurs. J'estime même qu'on pourrait bien n'avoir pas tort de prendre ce parti.

Pour le moment, je veux m'arrêter au système électoral sous lequel a réellement fleuri le régime parlementaire en France, depuis 1814 jusqu'à 1848.

II.

On peut aimer ou n'aimer pas le régime parlementaire : tous les goûts sont dans la nature. Je connais de très bonnes raisons en faveur de ce système ; j'en connais d'aussi fortes pour le combattre. Mais jamais en France — tous les partisans du régime parlementaire doivent le reconnaître, — il ne jeta autant d'éclat, ne s'éleva à une aussi grande hauteur que dans les trente-quatre années qui s'écoulent de 1814 à 1848. Les discussions parlementaires du temps de la Restauration ; celles du gouvernement de 1830, sont dignes d'être citées comme des modèles ; depuis de Serres, Foy, Benjamin Constant, Royer-Collard, Villèle, Châteaubriand, Martignac, jusqu'à Guizot, Casimir Périer, Thiers, Berryer, Lamartine, Molé, Montalembert. En ce temps-là le cens électoral était en pleine vigueur. Et si l'on veut bien exa miner la question de plus près, on conviendra sans doute que les discussions parlementaires sous la Restauration furent encore plus belles, plus nobles, plus larges, que celles qui retentirent à la tribune du gouvernement de 1830. Or, de 1814 à 1830, le cens était plus élevé qu'il ne l'était de 1830 à 1848. D'où résulterait cette conséquence qui n'a rien du reste de bien imprévu — que plus le cens est élevé plus sont élevés aussi les produits du cens électoral. Jamais, durant cette grande période parlementaire, les séances ne donnèrent le triste spectacle de désordre, de confusion, d'injures, de tumultes indécents qu'ont donné les Chambres républicaines de 1848 et de 1871, issues du suffrage universel.

L'avilissement des mœurs parlementaires a suivi l'avilissement du cens électoral. Résultat logique et naturel, mais en même temps enseignement profond pour les amis sincères du régime parlementaire.

Nous arrivons à la République, à la Constitution de 1848 et à la loi de 1849 remise en vigueur par le décret du gouvernement de la Défense nationale.

« Le suffrage est direct et universel ;

« Sont électeurs sans condition de cens tous les Français âgés de 21 ans et jouissant de leurs droits civils et politiques ;

« Sont éligibles, sans condition de domicile, tous les électeurs âgés de 25 ans ;

« L'élection se fait par département et au scrutin de liste. »

D'un bond, nous avons reculé jusqu'en 1793. Dans une certaine école, on appelle cela *le Progrès*. Un progrès de même nature dans les mœurs parlementaires ne se fit pas attendre. La science politique, le bon sens, la langue française, l'urbanité, furent tour à tour et également outragés par les hommes d'Etat et les orateurs de la force des Greppo, des Boichot, des Nadaud, etc. Hélas ! ils ont fait des petits.

Tout ce qui avait une valeur quelconque dans la Chambre, tous ceux qui appartenaient à la grande école politique et parlementaire, justement alarmés d'un tel débordement, — disons le mot, d'une telle honte, — s'entendirent pour aviser aux moyens d'y mettre un terme et de rendre à la tribune française le lustre et la splendeur qui l'avaient honorée jusqu'alors. De là naquit la loi du 31 mai 1851.

Elle mettait comme condition à l'électorat un domicile de trois ans et exigeait comme constatation de ce domicile l'inscription au rôle de la taxe personnelle ou l'inscription personnelle au rôle de la prestation en nature.

C'était peu demander sans doute; c'était bien là le *minimum* de ce que peuvent réclamer tous ceux qui ont souci de la dignité et de la loyauté du régime parlementaire.

Les cris s'élevèrent néanmoins dans le camp radical : sourdement encouragées par des autoritaires d'une autre école, ces clameurs se prolongent encore; mais ce vain bruit de saurait étourdir tout homme qui pense, qui compare, raisonne et analyse.

La loi fut votée le 31 mai 1851, après le remarquable discours prononcé par M. Thiers dans la séance du 24 mai. Je reproduis ici une partie de la séance. De telles paroles doivent demeurer, pour l'enseignement des générations parlementaires. Le demi-désaveu que l'auteur de ces paroles leur a, dit-on, récemment infligé peut enlever quelque poids à la valeur de l'homme d'Etat; il ne diminue en aucune façon l'importance même de ces considérations vraiment politiques.

« M. Thiers : (Séance de l'Assemblée nationale du 24 mai 1851.)

« Maintenant, savez-vous qui nous avons exclu par notre projet de loi? Nous avons exclu, non pas par une volonté arrêtée de les exclure, mais par suite du procédé qui devenait nécessaire, cette classe d'hommes dont on ne peut saisir le domicile nulle part : c'est cette classe d'hommes que l'on a déjà nommée, celle des vagabonds; ce ne sont pas les indigents. Je sais bien tout ce qu'on peut dire de respectable, d'intéressant, en parlant de la pauvreté. Si c'était la pauvreté, les objections pourraient être prises en sérieuse considération. Je vous ferai remar-

quer cependant que, si dans une société chré-
tienne et civilisée, la pauvreté est ce qu'il y a de
plus intéressant au monde, cependant, aux yeux
du législateur politique, tout en faisant pour elle
tout ce qu'on peut — et tout ce qu'on peut est tout
ce qu'on doit ; — en voulant faire tout ce que l'on
peut et tout ce que l'on doit, cependant vous ne
voudriez pas lui livrer le gouvernement de la
société ! Vous devez aux hommes qui sont à Bicêtre tous les soins de la ville de Paris ; vous leur
devez tout son zèle, toute sa fortune disponible ;
mais cependant, dites-le moi, est-ce une république bien ordonnée que celle dans laquelle
quelques mille voix prises à Bicêtre ou à la Salpé-
trière décideraient d'une, élection? Non ! Il faut
tout faire pour le pauvre ; mais, j'ose le dire à la
tribune, il faut tout faire, excepté cependant de
lui donner à décider les grandes questions où s'a-
gitent le sort et l'avenir du pays. Oui, tout pour
les pauvres, et cependant le gouvernement, non !
(Vive approbation à droite.)

« Maintenant, ces hommes que nous avons
exclus, sont-ce les pauvres? Non ! Ce n'est pas le

pauvre, c'est le vagabond qui, souvent par des moyens licites ou illicites, gagne des salaires considérables, mais qui ne vit pas dans un domicile à lui appartenant; qui se hâte, quand il est sorti de l'atelier, d'aller au cabaret; qui ne met aucun intérêt à son domicile, aucun. Savez-vous pourquoi? qui ne met aucun intérêt à son domicile, parce que souvent il n'a pas de famille, ou quelquefois, quand il en a, il ne l'intéresse pas à l'asile qu'il habite.

« Il y a une quantité de ces vagabonds qui ont des salaires considérables; d'autres qui, par des moyens illicites, gagnant suffisamment pour avoir un domicile, n'en veulent pas avoir. Ce sont ces hommes qui forment non pas le fond, mais la partie dangereuse des grandes populations agglomérées; ce sont ces hommes qui méritent ce titre, l'un des plus flétris de l'histoire, entendez-vous, le titre de *multitude*. Oui, je comprends que certains hommes y regardent beaucoup avant de se priver de cet instrument; mais les amis de la vraie liberté, je dirai les vrais républicains, redoutent la multitude, la vile *multitude* qui a perdu toutes les républiques. Je comprends que des tyrans s'en accommodent, parce qu'ils la nourrissent, la châtient et la méprisent. *(Vive approbation et bravos à droite.)* Mais des républicains chérir la multitude et la défendre, ce sont de faux républicains, ce sont de mauvais républicains. *(Même mouvement.)* Ce sont des républicains qui peuvent connaître les profondeurs du socialisme, mais qui ne connaissent pas l'histoire.

« Voyez-la à ses premières pages, elle vous dira que cette misérable multitude a livré à tous les tyrans la liberté de toutes les républiques. C'est cette multitude qui a livré à César la liberté de Rome pour du pain et des cirques. (Très-bien ! très-bien !)

« C'est cette multitude qui, après avoir accepté en échange de la liberté romaine du pain et des cirques, égorgeait les empereurs ; qui tantôt voulait du misérable Néron et l'égorgeait quelque temps après, par les caprices aussi changeants sous le despotisme qu'ils l'avaient été sous la république ; qui prenait Galba et l'égorgeait quelques jours après parce qu'elle le trouvait trop sévère ; qui voulait débaucher Othon, qui prenait l'ignoble Vitellius et qui, n'ayant plus le courage même des combats, livra Rome aux barbares. *(Applaudissements à droite. — Agitation.)*

« C'est cette vile multitude qui a livré aux Médicis la liberté de Florence, qui a, en Hollande, — dans la sage Hollande, — égorgé les Witt qui étaient, comme vous le savez, les vrais amis de la liberté ; c'est cette vile multitude qui a égorgé Bailly, qui, après avoir égorgé Bailly, a applaudi au supplice, qui n'était qu'un abominable assassinat, des Girondins ; qui a applaudi ensuite au supplice mérité de Robespierre ; qui applaudirait au vôtre, au nôtre ; qui a accepté le despotisme du grand homme qui la connaissait et savait la soumettre ; qui a ensuite applaudi à sa chute, et qui, en 1815, a mis une corde à sa statue pour la faire tomber dans la boue. *(Applaudissements et bravos répétés sur tous les bancs de la majorité.)*

« M. BIXIO : Ce sont des mouchoirs brodés qu'on lui avait attachés au cou.

« M. Napoléon Bonaparte, de sa place : Ce sont les royalistes. *(Vive agitation.)*

« M. Thiers : C'est cette multitude... *(Interruption.)*

« M. Napoléon Bonaparte, dans une agitation extrême : Je demande la parole.

De toutes parts à droite : A l'ordre ! à l'ordre !

« *M. Napoléon Bonaparte est rappelé à l'ordre.*

« M. Thiers : C'est la multitude, ce n'est pas le peuple que nous voulons exclure ; c'est cette multitude confuse dont on ne peut saisir... *(interruption)* c'est cette multitude de vagabonds dont on ne peut saisir le domicile ni la famille, si remuants qu'on ne peut les saisir nulle part, qui n'ont pas su créer pour leur famille un asile appréciable ; c'est cette multitude de vagabonds que la loi en discussion a pour but d'éloigner. »

On en conviendra, il est difficile de mieux dire ; et l'orateur, — s'il est vrai qu'il ait en partie désavoué ces paroles — a désavoué un de ses plus beaux, un de ses meilleurs discours.

La loi n'eut pas d'effet. Bien que les ministres du prince-président l'eussent vivement appuyée et soutenue, — M. Baroche en avait été le rapporteur, — la politique gouvernementale se lançait dans une autre voie. On avait besoin de la *multitude* pour faire passer le coup d'État, on lui jeta en pâture l'abrogation de la loi du 31 mai et le rétablissement du suffrage universel, sans autre garantie qne l'action et la direction avouée du Pouvoir.

Tel fut le décret organique du 2 février 1852, qui remet en vigueur la législation de 1849, avec cette seule différence que le scrutin de liste est aboli et que l'élection a lieu à la commune et non au chef-lieu de canton. Ces conditions ont une grande importance sans doute, mais n'offrent pas de garanties réellement préservatrices.

Ce qui eut une bien autre valeur fut le système de la candidature officielle et l'action avouée de l'administration dans les ébats du suffrage universel. Que l'on ne se méprenne pas sur ma pensée. Cette direction officielle du suffrage n'a rien qui me choque et me répugne. Mieux vaut qu'elle soit avouée que secrète et occulte et du moment qu'elle s'exerce loyalement, je n'y vois rien que de juste : j'y trouve même une garantie de sagesse et de raison. Je ne veux pas rechercher si les moyens employés furent toujours loyaux et légitimes : je ne m'occupe que du principe. En fait il y aura toujours un parti du pouvoir et du gouvernement, comme il y aura un parti de l'opposition.

Pourquoi le gouvernement n'affirmerait-il pas franchement ses préfèrences, engageant haute-ment les populations à le suivre et usant de tous les moyens honnêtes qui sont à sa disposition pour faire triompher ses candidats? Je ne saurais com-prendre ce qu'on peut trouver d'illégitime dans une telle attitude. Ce reproche n'est encore qu'un de ces moyens mesquins et menteurs d'opposition que l'on sert aux badauds et qui les pipe merveil-leusement, comme les Jésuites sous la Restau-ration ; les Pritchardistes sous le gouvernement de Juillet, la circulaire Pascal en 1873.

Quoiqu'il en soit, le suffrage universel ainsi dirigé, nous donna sinon des résultats bien éclatants, au moins des discussions sérieuses, calmes, approfondies souvent, parfois même brillantes ; et 18 ans de gouvernement régulier.

Mais voici revenir les jours troublés et révolutionnaires.

La législation de 1849 — qui n'est autre, ne l'oublions pas, que celle de 1793, renaît dans son intégrité, avec les décrets du gouvernement de la défense nationale du 8 septembre 1870, du 15 septembre 1870, du 1er octobre 1870, et enfin de janvier 1871, pour les élections à l'Assemblée nationale *constituante*. Je prie le lecteur de remarquer ce dernier mot dans toute sa majesté officielle, vainement contestée aujourd'hui par ceux-là même qui l'ont proclamée.

Le système de la candidature officielle, si violemment attaqué par les radicaux sous le précédent régime, reparut sous leur règne, mais appliqué avec un cynisme d'autant plus révoltant qu'il s'enveloppait de phrases déclamatoires et menteuses.

Hélas ! jetons un voile sur cette lamentable époque où des hommes misérables, dont l'ambition n'était égalée que par leur incapacité, ont vu dans le désastre de la Patrie un triomphe de parti et un succès pour leurs indignes convoitises. Après avoir fait cette chose honteuse, que l'on rencontre pour la première fois dans l'histoire, — une révolution sous les yeux de l'ennemi ; — ils ont donné à la France, dont ils se proclamaient les maîtres, le plus déplorable spectacle de vanité, d'ignorance, d'incapacité poussées jusqu'au prodige. A tel point qu'il faut lire et relire les documents officiels pour se convaincre que tant de nullité puisse s'allier à tant d'outrecuidance.

Ah ! combien M. Thiers avait raison de s'écrier dans la séance de l'Assemblée nationale, le 8 juin 1871 : « Pour moi, j'étais en lutte autant qu'on le pouvait contre cette prétention anti-nationale, atroce par ses résultats, arrogante, insolente, de vouloir, à quelques-uns qu'on était, se substituer à tous, contre la France elle-même, quand il s'agissait de son salut. Ils ont prolongé la défense au-delà de toute raison ; ils ont employé les moyens (je ne veux pas accabler les vaincus, mais enfin je dois le dire), les moyens les plus mal conçus, qu'on ait employés à aucune époque dans une guerre. Oui, Messieurs, nous étions tous révoltés, je l'étais comme vous tous, contre cette politique de fous furieux, qui mettait la France dans les plus grands périls. »

L'indignation du pays était trop générale pour que le suffrage universel lui-même, ne la traduisît pas victorieusement.

L'Assemblée constituante, élue le 8 février 1871, naquit bien manifestement d'un mouvement énergique de réaction contre cette déplorable politique.

Mais, hélas ! *canis ad vomitum rediens*, le suffrage universel ne tarda pas à retourner à ses erreurs, à se montrer conséquent avec lui-même et avec son origine, à féconder les fruits que Paris et la France ont admirés lors des dernières élections.

III.

Voilà où nous en sommes : tel est aujourd'hui, après tant de phases successives, l'état de notre législation électorale.

L'Assemblée doit en édicter une nouvelle appelée à produire de plus dignes et plus sincères résultats. Qu'elle s'inspire de l'histoire et en médite les leçons.

Bien des systèmes se présentent à elle. Je n'ai pas la prétention de les discuter, ni même d'indiquer une préférence : je reviens à mon point de départ : en telle matière, rien d'absolu ; devoir de s'inspirer des nécessités et des circonstances présentes.

Donc, il importe de ne pas poser de principes raides et immuables, à la manière des hommes de 1789, et de ne pas craindre de réagir contre les préjugés que quelques-uns voudraient faire passer à l'état d'axiome politique. Il n'y a que M. Prud'homme pour se prendre à ces hameçons-là. Des hommes d'Etat doivent avoir la vue plus claire.

Pour tout esprit attentif, il paraît évident que nous n'avons pas encore trouvé la vérité en fait de suffrage. Si le suffrage est un droit, si, en conséquence, on admet l'universalité, pourquoi exclure les femmes qui ont leurs droits civils comme les hommes?

Quand on veut faire de la philosophie, il faut aller jusqu'au bout. On s'accorde, dans toutes les législations, à ne pas recevoir le vote des fous, des mineurs, des absents. « Or, a dit un grand philosophe, le peuple est toujours ou fou, ou mineur, ou absent. » Je ne veux pas m'approprier tout ce que cette sentence renferme de dur et d'absolu ; mais elle contient sans doute une part de vérité : les abstentions nombreuses que nous voyons aujourd'hui ; les abstentions innombrables qui signalèrent le régime du suffrage dans la première période révolutionnaire, démontrent au moins ce que la troisième alternative a d'exact et de réel.

Où est la vérité? Est-elle dans le suffrage

direct, est-elle dans le suffrage à deux degrés?
Question.

Puis, il y a le vote par tête ; il y a le vote par
famille, il y a le vote par représentations d'intérêts, comme dans l'acte additionnel aux Constitutions de l'empire, du 22 avril 1815, comme dans
la proposition présentée à l'Assemblée nationale
par M. Pradié ; il y a le système de la représentation des minorités ; il y a le mode proposé à l'Assemblée par M. de Douhet.

Toutes ces questions sont graves et méritent de
n'être pas traitées à la légère, surtout avec des
opinions préconçues.

Quoi de plus légitime que d'admettre l'industrie, la propriété, la science, le commerce, etc., à
se protéger eux-mêmes par leur vote spécial et
collectif? Quoi de plus juste que de donner au
père de famille, investi par la loi du droit de sti-
puler pour sa femme et ses enfants, le droit de
voter pour eux, puisqu'il est leur défenseur, leur
protecteur naturel ?

Toutes questions complexes et dignes d'étude,
on en conviendra.

La théorie absolue du suffrage universel n'est guère de nature à les résoudre utilement.

Elle n'a de défenseurs décidés que les radicaux et ceux qui désirent le retour de la dynastie impériale.

Aux radicaux, je dois dire que si l'on conteste le suffrage universel, direct, absolu, sans conditions, ils peuvent chercher en eux-mêmes la cause de cette répulsion ; c'est bien eux, en effet, et leur absence de raison et de vertu politiques, que l'on vise en tâchant de protéger l'honneur et le salut de la France contre leurs folies et leurs excès.

« Ne laissons à la révolution et aux hommes de la révolution, dit **M.** Pradié, ni le temps, ni les instruments de désorganisation et de haine que le suffrage universel à l'état barbare a mis entre leurs mains. »

Aux amis de l'empire on doit tenir un autre langage et leur parler comme on le fait à des hommes de gouvernement.

La défense du suffrage universel, est-ce chez eux une théorie, une conviction? est-ce une arme, une habileté? Je l'ignore et ne veux pas répondre. Mais j'affirme que leur illusion est grande et que leur confiance dans le suffrage universel illimité et livré à lui-même leur causerait de dures déceptions.

L'appel au peuple, hélas ! qui ne sait que les peuples consultés répondent souvent de fort sottes choses? Cela s'est vu, cela se verra encore peut-être. Quel homme intelligent voudra jamais jouer le sort d'une grande nation sur un coup de dés si incertain? Je sais qu'on a dit : *Vox populi, vox Dei*. Ce proverbe ne serait pas le premier par lequel eût été mis en défaut la sagesse des nations.

Je comprends que dans de petites républiques, comme Athènes et Sparte, l'appel au peuple puisse agir avec quelque efficacité et quelque vérité ; encore resterait-il à prouver qu'il y a le plus souvent donné des preuves de sagesse et de raison, — ce qui me semble fort contestable : mais est-ce bien sérieusement que l'on voudrait livrer un grand pays à la direction idiote du nombre brutal et inintelligent? Quoi! les citoyens sans éducation, sans indépendance sociale, feront, parce qu'ils sont plus nombreux, la loi à la science, à la raison, à l'intelligence? Nous verrons la multitude des sectateurs de Bacchus dominer par la puissance du nombre l'ouvrier sobre et honnête qui s'est fait une position par son travail. Non! une telle doctrine ne saurait se soutenir philosophiquement et raisonnablement.

Et voilà pourtant où l'on veut placer la source du droit et de la loi. *Absit!*

L'histoire nous montre que les minorités l'emportent en sagesse sur les majorités ainsi composées, et lorsqu'une majorité inepte, sotte, méchante veut tuer son pays, en se suicidant elle-même, il y a devoir pour la minorité honnête et sage d'employer la force que les lois et l'autorité mettent entre ses mains pour ôter à la majorité les moyens d'arriver à d'aussi déplorables résultats.

Si un malheureux pris d'un accès de fièvre chaude s'apprête à s'élancer dans un précipice, l'homme raisonnable qui le conduit doit s'opposer, même par la violence, à ce qu'il puisse exécuter son dessein. Et l'on appellera cela, non pas attentat à la liberté de l'insensé, mais au contraire le protéger contre lui-même.

Jamais ne pourra se défendre en politique, pas plus qu'en philosophie, la théorie qui voudrait mettre sur le pied d'égalité l'ignorance et l'instruction, les appétits qui convoitent et l'intelligence qui discerne : car leur donner l'égalité c'est donner indubitablement, sous l'influence absurde du nombre, la force et la prééminence à l'ignorance et aux appétits coupables.

Le suffrage universel illimité doit disparaître d'une constitution fondée sur la raison et le bon sens. Vainement voudrait-on le représenter comme un droit naturel : nous avons vu que les grands pontifes des droits de l'homme ne l'ont pas admis. Des législateurs sérieux ont le devoir de s'élever au-dessus des préjugés vulgaires. Il est temps d'aviser. La démocratie perverse, sous des airs de fausse bonhomie, s'efforce de pénétrer dans les contrées paisibles ,

Triste lupus stabulis......

nos honnêtes populations laborieuses, exposées aux fanfares des ophicléides du radicalisme, se troublent à ce bruit retentissant : le serpent radical, comme celui des Calabres ,

...flammantia lumina torquens,
sævit agris...

courage , législateurs !

Ne mihi tum molles sub dio carpere somnos.

Le suffrage universel est une idole que nul ne respecte ; que personne n'ose briser. On entend dire : le suffrage universel nous tue ; mais il serait imprudent d'y porter atteinte. En vérité? Depuis le règne de la presse, que de raisonnements agaçants nous avons dû subir ! Mais si l'on meurt du suffrage universel, quel danger plus

4

grand courez-vous en l'attaquant corps à corps? Le courage est un des attributs nécessaires aux hommes d'Etat. Et puis, que de fantômes qui s'évanouissent dès qu'on les regarde en face ! Nous en avons vu de ces axiômes incontestés durant un certain temps, qui sont rélégués aujourd'hui au magasin des vieilleries :

Multa renascentur quæ jam cecidere , cadentque
Quæ nunc sunt in honore.....

Je crois que le suffrage universel est une de ces ombres menteuses.

Je ne puis mieux terminer qu'en recommandant la lecture de ces paroles de l'illustre Blackstone dans son *commentaire sur les lois anglaises.* Les Anglais seront toujours nos maîtres dans tout ce qui tient au système parlementaire.

« Quant aux conditions nécessaires aux élec-teurs, dit Blackstone, celle qui est relative à la propriété exigée dans les votants, a pour véritable motif l'exclusion des individus qui sont dans une situation si malaisée ou si basse, qu'ils sont sensés n'avoir pas de volonté qui leur soit propre. » (Tousceux qui ont suivi de près une lutte électorale, savent que la multitude enrôlée par les comités démocratiques, vote à l'aveugle avec unanimité et par ordre, pour le candidat imposé par la volonté de quelques meneurs radicaux; candidat dont les électeurs ignorent absolument l'histoire, les antécédents, parfois même le nom). Blackstone continue : « S'ils avaient le droit de « voter, ils seraient tentés de disposer de leur voix « sous telle ou telle influence illégitime. Il en ré- « sulterait pour les hommes puissants ou riches, « ou insinuants et adroits (deux adjectifs qui me « paraissent viser très-bien l'*Internationale*), une « part dans les élections plus étendue qu'il ne « convient pour le maintien de la liberté générale. « Comme on ne peut que difficilement espérer « l'indépendance dans les votes de personnes « indigentes, ou de celles qui sont immédia- « tement sous la dépendance d'autrui, tous les

« gouvernements populaires ont été obligés
« d'établir de certaines conditions, au moyen
« desquelles ceux qu'on présume n'avoir pas de
« volontés qui leur soient propres, se trouvent
« exclus du droit de voter, afin que les autres
« individus, dont on suppose les volontés plus
« indépendantes, soient entre eux plus entière-
« ment de niveau. »

J'ai exposé, en interrogeant les annales du suffrage électoral, les législations qui ont vécu, celle qui vit, celles qui ont été proposées.

Cette étude fort sommaire, est une nomenclature, non une analyse : je demande même pardon à mes lecteurs des détails secs et arides que je leur ai imposés : textes techniques et juridiques nécessaires à mon sujet. A la manière des antiquaires ou des géologues, nous avons examiné le minerai électoral dans les galeries de l'histoire.

Comme Diogène, j'ai allumé ma lanterne et je ne suis pas sûr d'avoir trouvé un homme. J'ai dit qu'à mon sens, il n'y a pas en telle matière de vérité absolue : j'ai pris soin de ne point exprimer mon avis, de ne point émettre d'opinion formelle : je me suis seulement prononcé contre le suffrage universel illimité et sans garanties : j'ai demandé l'investigation loyale et approfondie pour conclure et, après conviction acquise, le courage et la fermeté pour exécuter.

Les législateurs, semblables au berger de Tempé, ont affaire à un Protée aux mille aspects : le suffrage universel ou non :

> *... quanto ille magis formas se vertet in omnes,*
> *Tanto... magis contende tenacia vincla.*

Je pense qu'il n'y a dans toutes ces combinaisons, que de petites parcelles de vérité ; qu'aucune ne renferme en elle le salut et la durée. Prenons ce qu'il peut y avoir dans tout cet arsenal de plus utile au temps présent et restons convaincus que

le nombre peut être la force, mais qu'il ne fera
jamais le droit et ne sera pas l'intelligence.

Je n'ai pas parlé, par ce qu'elle n'a rien d'offi-
ciel, d'une proposition pratique et simple, ima-
ginée par un publiciste ingénieux et sérieux.

Le suffrage universel, avec les garanties nécessaires à toute société qui ne veut pas devenir
barbare, nommerait les conseillers municipaux ;
les conseillers municipaux nommeraient les conseillers généraux ; les conseillers généraux nommeraient les députés.

Celle-ci ne me semble pas la moins raisonnable :
l'élément représentatif y est complet ; le méca-
nisme est simple ; le système de hiérarchie indis-
pensable à l'ordre est bien ménagé ; les intrigues
et les mensonges qui faussent le suffrage et en
font un composé de ténèbres et de perfidies où
l'œil du philosophe et de l'homme d'Etat ne peut
rien discerner, disparaîtraient ainsi presqu'entiè-
rement ; enfin, ce mode d'élection éloignerait les

agitations regrettables et trop fréquentes qui se renouvellent à chaque période électorale.

Quid est veritas? L'affirmation n'est pas facile : mais la négation est formelle : écarter absolument tout ce qui ressemble, même de loin, au système de suffrage universel illimité, sans conditions, sans garanties, tel que nous l'avons pu apprécier dans cette courte étude.

BEAUVAIS. — IMPRIMERIE D. PÈRE, RUE SAINT-JEAN.